Let's Speak Spanish
second edition D

Conrad J. Schmitt

Webster Division, McGraw-Hill Book Company

New York • St. Louis • San Francisco • Auckland • Bogotá
Düsseldorf • Johannesburg • London • Madrid • Mexico • Montreal
New Delhi • Panama • Paris • São Paulo • Singapore • Sydney
Tokyo • Toronto

Editor: Teresa Chimienti
Editing Supervisor: Alice Jaggard
Design Supervisor: Lisa Delgado
Production Supervisor: Salvador Gonzales

Copy Editing: Suzanne Shetler
Illustrations: Joel Snyder
Photo Research: Suzanne Volkman

Photo Credits:
  Page 3: The Picture Cube; 4, 5, 97: Editorial Photocolor Archives; 6: Paul Conklin/Monkmeyer; 8, 84, 88, 89, 94, 95, 98, 101: United Nations; 11: Deiter Grabitzky/Monkmeyer; 12: Martin Pendl/United Nations; 13, 82, 83, 87, 96, 102: Alain Keler/Editorial Photocolor Archives; 18, 28, 61: Ruby Mera; 19: The Bettmann Archive; 21, 40: Spanish National Tourist Office; 25: Fritz Henle/Monkmeyer; 26: Bernard G. Silberstein/Monkmeyer; 27: Michal Heron/Monkmeyer; 32: Sid Latham/Monkmeyer; 33: Pat Morin/Monkmeyer; 34, 52: Roger Coster/Monkmeyer; 35, 50, 51: Sam Falk/Monkmeyer; 38, 39, 70: Helena Kolda/Monkmeyer; 44, 46, 57, 64, 65: Ginger Chih; 45: The New York Public Library; 54: Ursula Mahoney/Monkmeyer; 58: David Cain/Photo Researchers; 71: Marilu Pease/Monkmeyer; 72: Sybil Shelton/Monkmeyer; 75, 76, 77: Franklin Wing/Stock, Boston; 90: Carl Frank/Photo Researchers; 93: John Littlewood/United Nations.

Library of Congress Cataloging in Publication Data

Schmitt, Conrad J
  Let's speak Spanish, D.

  Part of an audio-lingual-visual program which consists of a teacher's manual, a pupil's edition, cue cards, and cassettes.
  Includes index.
  SUMMARY: This fourth in a four-volume series for learning Spanish in the elementary school continues with reading and writing, with reinforcement of speaking skills.
  1. Spanish language—Grammar—1950– —Juvenile literature. [1. Spanish language—Grammar] I. Title.
PC4112.S359   1978   372.6'5'61   77-8915
ISBN 0-07-055487-0

Copyright © 1978, 1966 by McGraw-Hill, Inc. All Rights Reserved. Printed in the United States of America. No part of this publication may be reproduced, stored in a retrieval system, or transmitted, in any form or by any means, electronic, mechanical, photocopying, recording, or otherwise, without the prior written permission of the publisher.

Preface

The second edition of *Let's Speak Spanish C* and *D*, together with the second edition of *Let's Speak Spanish A* and *B*, form a fully articulated audio-lingual-visual system of language learning materials for the elementary school. The Pupil's Editions C and D and the accompanying annotated Teacher's Editions, picture cue cards, and cassette programs constitute a complete elementary school program which is enjoyable for the pupil, stimulating to the teacher, and flexible enough to allow for a wide variety of activities and applications in the elementary school curriculum.

In this new edition of *Let's Speak Spanish C* and *D*, the author has attempted to maintain those qualities which teachers found so successful in the original edition. The basic lesson format and approach used in the successful text *Español: Comencemos* has been retained, so that pupils will be able to move smoothly and easily into *Español: Sigamos* immediately upon completion of the *Let's Speak Spanish* program. Because all the vocabulary and grammatical concepts taught in *Español: Comencemos* are taught in the *Let's Speak Spanish* program, this progression and transition can be accomplished effectively with a minimum amount of difficulty.

Since the principal goal of foreign language study is to learn to communicate one's thoughts, needs, wants, and reactions in another language, *Let's Speak Spanish C* and *D* are designed to ensure rapid acquisition of the listening, speaking, reading, and writing skills necessary for meaningful communication in both spoken and written Spanish. These texts present the pupil with a highly structured, logical sequence of opportunities to learn, to practice, and to use Spanish in a stimulating and enjoyable context. The program invites and allows the teacher to participate to the maximum degree and to adapt the content and format to the needs of the varied classroom situations that will be encountered.

Let's Speak Spanish C and *D* take into consideration the two basic modes of communication—spoken and written language—and so the early lessons are based on both conversation and reading-narrative. Once the listening-speaking progression is established, pupils learn to read and to write what they have first learned to understand and to say. This reinforcement of the listening and speaking skills leads to the introduction of reading-narratives that serve as springboards for discussion.

Let's Speak Spanish D is organized according to the following plan:

VOCABULARIO   The new vocabulary in each lesson is presented through illustrations. In Lessons 2 through 8 of *Let's Speak Spanish D* there are, in addition to the illustrations, short definitions in the target language and cognates. This method of introducing vocabulary aids the pupil in comprehending the meaning of each individual word without the use of English. The questions that follow the vocabulary section compel the pupil to use the new words introduced, so that they will become an active part of his or her vocabulary.

ESTRUCTURA   The structural point of each lesson is presented through pattern drills. A varied series of oral exercises with realistic stimuli provides ample practice in each specific point.

CONVERSACIÓN   The short conversation contains previously learned vocabulary and structure. The conversations are designed to be learned with a minimum of effort on the part of the pupil and the teacher. *Personalized language, not memorization of dialogues, is the goal of this series.* The conversations are based on familiar situations so that pupils can immediately verbalize about the particular situation. Structures which the pupils cannot handle are avoided so that they are not hampered in their endeavor to personalize and to speak the language on their own. A series of questions follows each conversation. These questions check comprehension and permit the pupils to use the vocabulary and structures of the conversation in a slightly different context.

LECTURA   Each lesson contains a reading-narrative. These stories take place in a Spanish-speaking country. The object of the narrative is to expand the situation presented in the conversation. The narratives provide the pupil with an opportunity to compare and contrast cultures and to learn about the history, geography, art, and customs of the Hispanic world and the Hispanic people. New words or expressions are noted alongside the reading. A questionnaire follows each narrative, encouraging the pupil to discuss the material read.

EJERCICIOS ESCRITOS   These exercises are specifically designed for making the transfer from the spoken to the written form of the language. Special attention is given to the vocabulary and structures presented within the lesson.

RESUMEN ORAL   Each lesson of *Let's Speak Spanish D* ends with a full-page art illustration. This illustration recombines all the information presented in the lesson. As pupils look at the illustration, they can tell a story in their own words based on the material presented in the lesson.

Charts presenting cardinal numbers, time, and verbs; a Spanish-English vocabulary; and a grammatical index are also included at the end of the book.

About the Author

Conrad J. Schmitt is editor in chief of foreign language publishing with McGraw-Hill Book Company. In this position, he is responsible for the development of foreign language, English as a second language, and bilingual materials for the elementary, junior and senior high school, and college and university levels.

Prior to joining McGraw-Hill, Mr. Schmitt was coordinator of foreign languages for the Hackensack, New Jersey, public schools where he directed the foreign language program from grades three through twelve. In addition to having taught at the elementary and junior and senior high school levels, Mr. Schmitt has also been a lecturer in French at Upsala College, East Orange, New Jersey; lecturer in Spanish and methods at Montclair State College, Upper Montclair, New Jersey; and visiting professor at the Graduate School of Education, Rutgers—The State University, New Brunswick, New Jersey.

Mr. Schmitt has written many articles for professional journals dealing with foreign language instruction. He is also the author of *Español: Comencemos* and *Español: Sigamos* for junior high schools and the *Schaum Outline Series of Spanish Grammar*. With Randall G. Marshall and Protase E. Woodford he coauthored *Español: A Descubrirlo*, *Español: A Sentirlo*, and *La Fuente Hispana*. He is also consulting author of *Spanish Language, Hispanic Culture*, a college-level text.

In addition to his writing in Spanish, Mr. Schmitt is coauthor of *Le Français: Commençons, Le Français: Continuons*, and the *Let's Speak French* series.

A native of New Jersey, Mr. Schmitt obtained his B.A. from Montclair State College, his M.A. from Middlebury College, Middlebury, Vermont, and did further graduate study at New York University. He has traveled extensively throughout Europe, Asia, the Middle East, northern Africa, Mexico, the Caribbean, and South America. In these areas he has worked with schools, ministries of education, and binational centers in the development of English language programs.

CONTENTS

Lección 1

Vocabulario   1
Estructura   4
    La contracción *al*   4
    La contracción *del*   5
    ¡Qué!   6
Conversación   *En la oficina de pasaportes*   7
Lectura   *Una entrevista*   9
Ejercicios escritos   12
Resumen oral   15

Lección 2

Vocabulario   16
Estructura   20
    Lo, los, la, las   20
    Las palabras negativas   22
Lectura   *Don Quixote y los molinos de viento*   23
Ejercicios escritos   26
Resumen oral   29

Lección 3

Vocabulario **30**
Estructura **33**
    Los adjetivos demostrativos **33**
        Este, ese, aquel **33**
        Esta, esa, aquella **34**
        Estos, esos, aquellos **35**
        Estas, esas, aquellas **35**
Lectura *España* **36**
Ejercicios escritos **39**
Resumen oral **41**

Lección 4

Vocabulario **42**
Estructura **45**
    El verbo *saber* **45**
    El verbo *conocer* **47**
Lectura *La Buenaventura* **48**
Ejercicios escritos **53**
Resumen oral **55**

Lección 5

Vocabulario **56**
Estructura **59**
    El verbo *decir* **59**
Lectura *La Buenaventura (continuación)* **62**
Ejercicios escritos **66**
Resumen oral **67**

Lección 6

Vocabulario **68**
Estructura **71**
    El comparativo **71**
    El superlativo **72**
Lectura *De compras* **73**
Ejercicios escritos **76**
Resumen oral **79**

Lección 7

Vocabulario **80**
Estructura **83**
    El mandato familiar **83**
Lectura *La vida en las montañas* **85**
Ejercicios escritos **89**
Resumen oral **91**

Lección 8

Vocabulario **92**
Estructura **96**
    El mandato formal **96**
Lectura *La vida en las selvas tropicales* **99**
Ejercicios escritos **101**
Resumen oral **103**

Appendix 105

Numbers **106**
Time **107**
Verbs **108**
Vocabulary **110**

Index 118

LECCIÓN 1

VOCABULARIO

1. María va al centro.
   Las avenidas son anchas.
   Las avenidas del centro no son estrechas.
   Los edificios son altos.

2. Es el barrio viejo.
   Juan va al barrio viejo.
   Él va a la plaza.
   La plaza del barrio viejo es bonita.

3. El muchacho tiene ojos castaños.
   Tiene pelo negro.
   El muchacho es guapo.

4. Es un caserío.
   La gente pobre vive en el caserío.

Ejercicios de vocabulario

A. Answer each of the following questions.

1. ¿Va María al centro?
2. ¿Adónde va María?
3. ¿Son anchas las avenidas?
4. ¿Son estrechas las avenidas del centro?
5. ¿Cómo son las avenidas?
6. ¿Son altos los edificios?
7. ¿Va Juan al barrio viejo?
8. ¿Va él a la plaza?
9. ¿Es bonita la plaza del barrio viejo?
10. ¿De qué color son los ojos del muchacho?
11. ¿De qué color es el pelo?
12. ¿Es guapo el muchacho?
13. ¿Vive la gente pobre en el caserío?

B. Form a question according to the model.

La gente pobre vive **en el caserío.**→
¿Dónde vive la gente pobre?

1. Los edificios son **altos.**
2. **Un muchacho** anda por la plaza.
3. Las avenidas son **anchas.**
4. Juan va **al barrio viejo.**
5. El muchacho tiene **pelo negro.**

Una plaza del barrio viejo, Quito, Ecuador

Plaza Bolívar, Bogotá, Colombia

ESTRUCTURA

La contracción **al**

A. Repitan.

Voy al mercado.
Voy al barrio viejo.
Voy al centro.

B. Contesten.

¿Vas al mercado?
¿Vas al centro?
¿Vas al supermercado?
¿Vas al barrio viejo?
¿Vas al parque?
¿Vas al campo de fútbol?
¿Vas al aeropuerto?

¿Vas a la escuela?
¿Vas a la tienda?
¿Vas a la playa?
¿Vas a la ciudad?

¿Vas a los mercados?
¿Vas a los parques?
¿Vas a los supermercados?

¿Vas a las playas?
¿Vas a las tiendas?
¿Vas a las montañas?

La contracción **del**

A. Repitan.

Las avenidas del centro son anchas.
La plaza del barrio viejo es bonita.
Los ojos del muchacho son castaños.

B. Contesten.

¿Son anchas las avenidas del centro?
¿Son castaños los ojos del muchacho?
¿Es bonita la plaza del barrio?
¿Son altos los edificios del centro?
¿Es negro el pelo del muchacho?
¿Es pobre la gente del caserío?

El centro moderno de Buenos Aires, Argentina

¿Son castaños los ojos de la muchacha?
¿Es negro el pelo de la gente?
¿Es bonita la plaza de la ciudad?
¿Son grandes las tiendas de la plaza?

¿Es pobre la gente de los caseríos?
¿Son guapos los muchachos de los barrios viejos?
¿Son altos los edificios de los centros?
¿Son negros los ojos de los muchachos?

¿Son negros los ojos de las muchachas?
¿Son anchas las avenidas de las ciudades?
¿Es guapa la gente de las montañas?

¡Qué!

A. Repitan.

¡Qué plaza más bonita!
¡Qué muchacho más guapo!
¡Qué avenida más ancha!
¡Qué mercado más moderno!

B. Sigan el modelo.

plaza / bonita →
¡Qué plaza más bonita!

muchacha / bonita
muchacho / guapo
plaza / bonita
barrio / bonito
tienda / moderna
pueblo / pequeño
montaña / alta
edificio / alto

Niñas en una escuela de Santiago de Chile

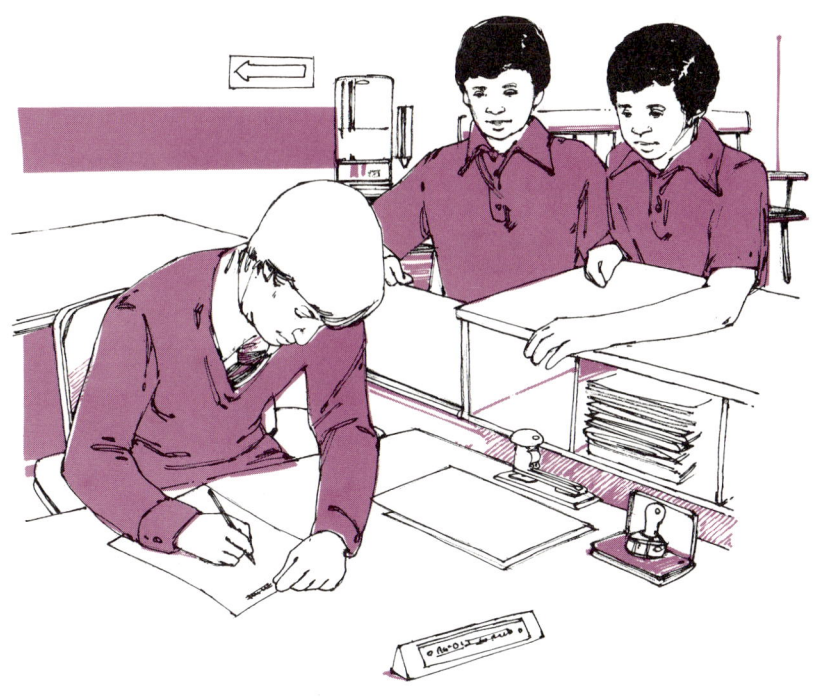

CONVERSACIÓN

En la oficina de pasaportes

Empleado Buenas tardes, señores. ¿Uds. necesitan pasaporte?
Carlos Sí, señor. Mi hermano y yo vamos a la América del Sur.
Empleado Muy bien. ¿De dónde son Uds.?
Carlos Somos de Miami.
Empleado ¿Y sus padres?
Carlos También son de Miami.
Empleado ¿El color de los ojos?
Carlos Castaño.
Empleado ¿Y del pelo?
Carlos Negro.
Empleado ¿Y su hermano?
Carlos Igual. Somos gemelos.

Preguntas

1. ¿Qué necesitan los dos hermanos?
2. ¿Adónde van ellos?
3. ¿De dónde son ellos?
4. ¿De dónde son sus padres?
5. ¿De qué color son los ojos de Carlos?
6. ¿De qué color es el pelo de Carlos?
7. ¿Son gemelos Carlos y su hermano?

Los indios van al mercado, Ecuador

LECTURA

Una entrevista

Roberto, un muchacho norteamericano, visita la América del Sur. Ahora está en casa y habla con un amigo de su escuela.

—Roberto, ¿cómo es la América del Sur?
—Es un continente fabuloso.
—¿Cuáles son varias ciudades grandes?
—Caracas, Bogotá, Lima, Buenos Aires. Todas son grandes.
—¿Cómo son las ciudades de la América del Sur?
—Pues, cada ciudad es diferente. Pero cada ciudad **cada** each

tiene un barrio moderno. Hay edificios altos y avenidas anchas. Hay mucho tráfico y mucha gente. Cada ciudad tiene también un barrio viejo. El barrio viejo siempre es muy bonito. Tiene plazas pequeñas, calles estrechas y casas antiguas.

—Y Roberto, ¿cómo es la gente de la América del Sur?

—La gente es muy simpática. Como en los Estados Unidos, hay gente rica y hay gente pobre. La gente pobre vive en caseríos. Son barrios pobres que no están en el centro de la ciudad. Mucha gente rica vive en el centro. Latinoamérica es muy interesante porque también hay gente de muchas razas. Hay negros, blancos, mulatos, indios y mestizos. Por consiguiente, la cultura es muy rica y es diferente en cada país.

simpática nice, cordial
rica rich
razas races
Por consiguiente Consequently

Preguntas

1. ¿Quién visita la América del Sur?
2. ¿Dónde está Roberto ahora?
3. ¿Con quién habla Roberto?
4. ¿Cómo es la América del Sur?
5. ¿Cuáles son varias ciudades grandes?
6. ¿Es diferente cada ciudad?
7. ¿Qué tiene cada ciudad?
8. ¿Cómo es el barrio moderno?
9. ¿Qué hay en el barrio moderno?
10. ¿Cómo es el barrio viejo?
11. ¿Qué tiene el barrio viejo?
12. ¿Cómo es la gente de la América del Sur?
13. ¿Hay gente rica y gente pobre?
14. ¿Dónde vive la gente pobre?
15. ¿Dónde están los caseríos?
16. ¿Dónde vive mucha gente rica?
17. ¿Tiene la América del Sur gente de muchas razas?
18. ¿Cómo es la cultura de la América del Sur?

Edificios altos y calles anchas, Caracas, Venezuela

EJERCICIOS ESCRITOS

A. Complete each sentence with the correct word.

1. María va al _____ de la ciudad.
2. La ciudad tiene avenidas _____.
3. Los edificios de la ciudad son _____.
4. Juan va al _____ viejo.
5. El muchacho tiene _____ castaños.
6. Tiene _____ negro.
7. El muchacho es _____.
8. La gente _____ vive en los caseríos.

Un caserío, Lima, Perú

Hay gente de muchas razas en Venezuela

B. **Complete each sentence with** al, a la, a los, **or** a las.

1. Nosotros vamos _____ barrio viejo.
2. María va _____ centro.
3. Ellos hacen un viaje _____ montañas en el invierno.
4. El tren va _____ ciudad.
5. Ellos van ahora _____ aeropuerto.
6. Yo voy _____ tienda.
7. ¿Van Uds. _____ supermercado?
8. En el verano vamos _____ playa.
9. Los muchachos van _____ parque.
10. ¿Por qué no vamos _____ campo de fútbol?

C. Complete each sentence with del, de la, de los, **or** de las.

1. Las avenidas _____ centro son anchas.
2. Las plazas _____ barrio son pequeñas.
3. La gente _____ caseríos es pobre.
4. Los ojos _____ muchacha son negros.
5. ¿Cómo es el pelo _____ muchacha?
6. Vamos a las tiendas _____ plaza.
7. La vida _____ gente es interesante.
8. Las ciudades _____ América del Sur son grandes.
9. Las calles _____ ciudades no son pequeñas.
10. Roberto está en la casa _____ amigo.

D. Follow the model.

La ciudad es bonita.→
¡Qué ciudad más bonita!

1. La playa es bonita.
2. La plaza es pequeña.
3. El pueblo es pequeño.
4. El muchacho es guapo.
5. La tienda es grande.
6. La iglesia es bonita.
7. El edificio es alto.
8. La calle es estrecha.
9. El aeropuerto es moderno.
10. La ciudad es interesante.

RESUMEN ORAL

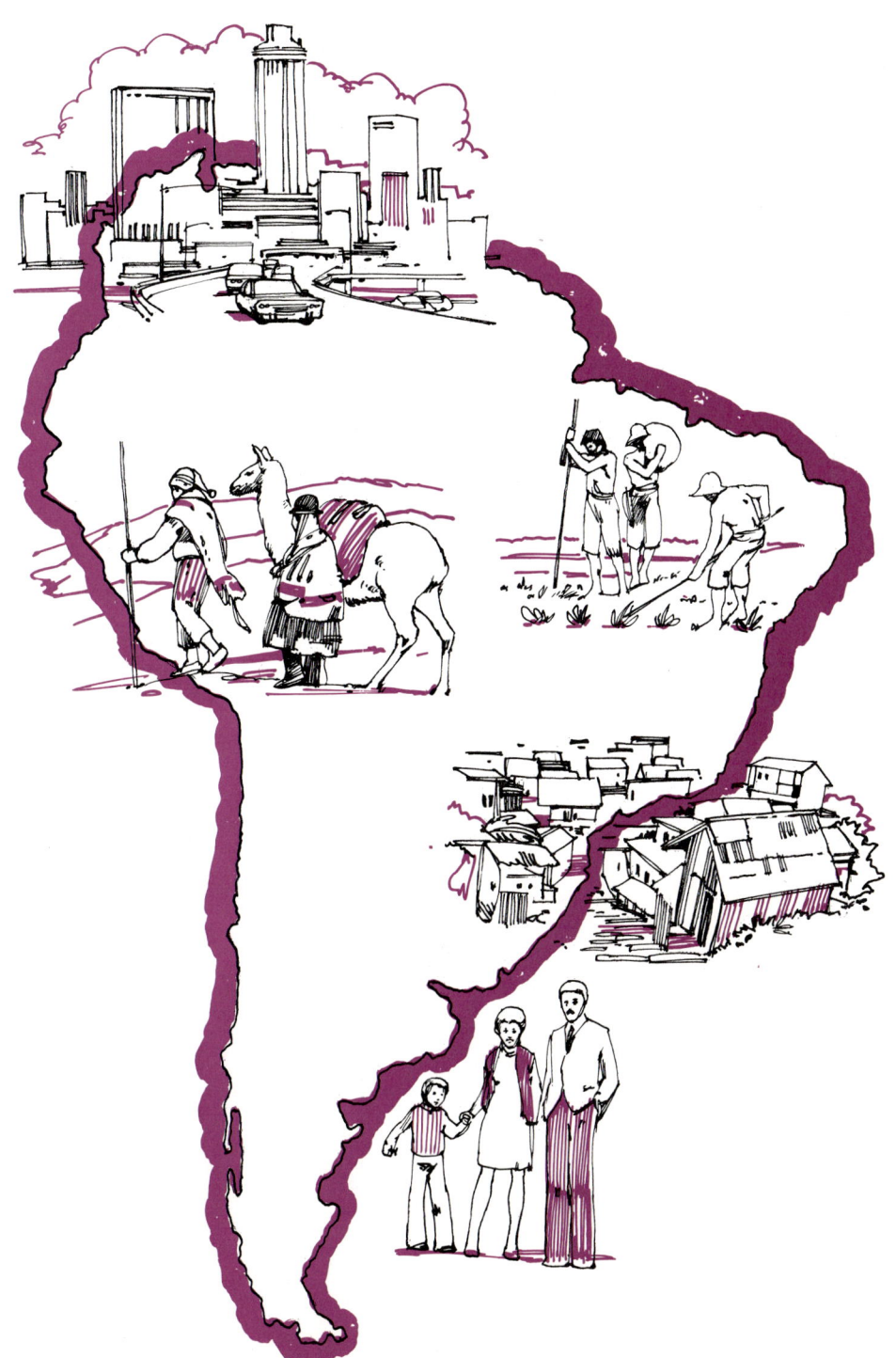

LECCIÓN 2

VOCABULARIO

1. Son Sancho Panza y don Quijote.
   Don Quijote monta a caballo.
   Don Quijote es alto y flaco.
   Don Quijote tiene una lanza.
   Sancho Panza monta un asno.
   Sancho Panza es bajo y gordo.

2. Son molinos de viento.
   Son aspas.
   Hace viento.
   El viento es fuerte.
   Las aspas mueven.
   Las aspas son los brazos del molino.

3. **Es una biblioteca.**
   Hay muchos libros en la biblioteca.
   En un libro hay un caballero andante.

un personaje una persona de un libro
un escudero una persona que va con un caballero andante y lo ayuda
malo no bueno

   el aire   convierte   misterioso
   la aventura   ataca
   la región

Don Quijote es alto y flaco

Ejercicios de vocabulario

A. Answer each of the following questions.

1. ¿A qué monta don Quijote?
2. ¿Es alto y flaco don Quijote?
3. ¿Cómo es don Quijote?
4. ¿Tiene don Quijote una lanza?
5. ¿Qué tiene don Quijote?
6. ¿Qué monta Sancho Panza?
7. ¿Es bajo y gordo Sancho Panza?
8. ¿Cómo es Sancho Panza?
9. ¿Tiene aspas un molino de viento?
10. ¿Mueven las aspas cuando hace viento?
11. ¿Son las aspas los brazos del molino?
12. ¿Hay muchos libros en la biblioteca?

B. True or false.

1. El asno y el caballo son animales.
2. La mano es una parte del brazo.
3. Don Quijote es bajo y gordo.
4. Sancho Panza monta a caballo.
5. La persona de un libro es un personaje.
6. No hay libros en una biblioteca.

El caballero andante se cae herido

ESTRUCTURA

Lo, los, la, las

A. Repitan.

Leo el libro. Lo leo.
Compro el pan. Lo compro.
Veo el molino. Lo veo.
Miro a Roberto. Lo miro.

B. Contesten según el modelo.

¿Lee Juan el libro?→
Sí, Juan lo lee.

¿Lee Carmen el periódico?
¿Tiene Carlos el boleto?
¿Ataca el molino don Quijote?
¿Habla español Teresa?
¿Lees el periódico?
¿Tienes el balón?
¿Pones el libro en la mesa?
¿Haces el viaje?
¿Traes el regalo?
¿Ves a Juan?
¿Ves a Enrique?
¿Miras al muchacho?

C. Repitan.

Veo la película. La veo.
Compro la blusa. La compro.
Miro la televisión. La miro.
Veo a Elena. La veo.

D. Contesten según el modelo.

¿Toca Juan la guitarra?→
Sí, Juan la toca.

¿Compra María la blusa?
¿Mira María la televisión?
¿Pone papá la comida en la mesa?
¿Come Carmen la ensalada?
¿Abre la boca Juan?
¿Examina la garganta la médica?
¿Toma la pastilla el niño?
¿Trae la comida el aeromozo?
¿Tiene la maleta mamá?
¿Tocas la guitarra?
¿Miras la televisión?
¿Ves la película?
¿Tienes la maleta?
¿Traes la comida?
¿Miras a María?
¿Ves a Teresa?
¿Miras a la muchacha?

E. Repitan.

Don Quijote ataca los molinos.
 Él los ataca.
Leo los libros. Los leo.
Veo a los muchachos. Los veo.

F. Contesten según el modelo.

¿Ataca don Quijote los molinos?→
Sí, don Quijote los ataca.

¿Come los sándwiches el niño?
¿Tiene los boletos papá?
¿Vende los boletos el empleado?
¿Prepara los sándwiches Elena?
¿Recibe los regalos el niño?
¿Lees los libros?
¿Compras los boletos?
¿Recibes los regalos?
¿Ves a tus abuelos?
¿Ves a tus primos?
¿Ves a los muchachos?

G. Repitan.

Paco toma las pastillas. Paco las toma.
María compra las blusas. María las compra.
Veo a las muchachas. Las veo.

H. Contesten según el modelo.

¿Comes papas?→
Sí, las como.

¿Preparas las comidas?
¿Tomas las pastillas?
¿Compras las blusas?

Molinos de viento, La Mancha

¿Tienes las maletas?
¿Pones las maletas en el baúl?
¿Tiene aventuras don Quijote?
¿Ve a las niñas mamá?

Las palabras negativas

A. Repitan.

Algo está en la mesa.
Nada está en la mesa.
Don Quijote ve algo.
Don Quijote no ve nada.

B. Contesten según el modelo.

¿Tienes algo en la boca?→
Sí, tengo algo en la boca.
No, no tengo nada en la boca.

¿Hay algo en la mesa?
¿Hay algo en la tienda?
¿Comes algo?
¿Lees algo?
¿Vas a comprar algo?
¿Ve algo don Quijote?
¿Ataca algo don Quijote?
¿Tira algo Pepe?

C. Repitan.

Alguien habla.
Nadie habla.
Hay alguien en la cocina.
No hay nadie en la cocina.

D. Contesten según el modelo.

¿Habla alguien?→
Sí, alguien habla.
No, nadie habla.

¿Mira alguien la televisión?
¿Habla alguien en la clase?
¿Monta alguien a caballo?
¿Come alguien en el comedor?
¿Hay alguien en casa?
¿Hay alguien delante de la casa?

E. Repitan.

Siempre hay mucha gente en la playa.
Nunca hay mucha gente en la playa.
Siempre hace calor.
Nunca hace calor.

F. Contesten según el modelo.

¿Nadas en el verano?→
Sí, siempre nado en el verano.
No, nunca nado en el verano.

¿Esquías en el invierno?
¿Juegas al fútbol?
¿Preparas la comida?
¿Llega a tiempo el tren?
¿Tiene aventuras don Quijote?
¿Come el muchacho en un restaurante?
¿Trabaja mucho la muchacha?

LECTURA

Don Quijote y los molinos de viento

El Quijote es un libro famoso de España. En el libro hay dos personajes famosos. Son don Quijote y Sancho Panza.

Don Quijote es un caballero andante. Él es alto y flaco. Es de la Mancha. Es una región cerca de Madrid. Sancho Panza es el escudero de don Quijote. Él es bajo y gordo.

En su casa don Quijote tiene una biblioteca. Lee muchos libros de caballeros andantes. El pobre don Quijote se vuelve loco. Quiere tener aventuras como los otros caballeros.

cerca de near

se vuelve loco goes crazy

23

Un día, sale de su casa. Sancho Panza sale con él. Don Quijote monta a caballo. Su caballo es muy flaco y viejo. Es Rocinante. Sancho Panza no tiene caballo. Él monta un asno.

Un día, don Quijote ve algo misterioso.

—Sancho, ¿no ves a los gigantes?

—¿Qué gigantes, don Quijote? Yo no veo nada.

—¿No ves a los gigantes? Son malos. Los voy a atacar.

—Don Quijote. No son gigantes. Son molinos de viento.

Pero don Quijote los ataca. Cuando los ataca, un viento fuerte mueve las aspas del molino. Para don Quijote, las aspas son los brazos del gigante. Pone su lanza en el aspa. El aspa mueve. Levanta a don Quijote en el aire. El pobre don Quijote se cae herido.

—Don Quijote, ¿por qué atacas los molinos de viento?

—¿Molinos de viento? Ahora sí son molinos de viento. Un enemigo que tengo convierte a los gigantes en molinos.

Levanta It picks up
herido injured
enemigo enemy

Preguntas

1. ¿Qué es *el Quijote?*
2. ¿Cuántos personajes famosos hay en el libro?
3. ¿Quiénes son los dos personajes?
4. ¿Qué es don Quijote?
5. ¿Cómo es?
6. ¿De dónde es?
7. ¿Dónde está la Mancha?
8. ¿Qué es Sancho Panza?
9. ¿Cómo es él?
10. ¿Qué tiene don Quijote en su casa?
11. ¿Qué lee don Quijote?
12. ¿Cómo se vuelve don Quijote?
13. ¿Qué quiere tener?
14. ¿Con quién sale de casa?
15. ¿A qué monta don Quijote?
16. ¿Cómo es su caballo?
17. ¿Quién es su caballo?
18. ¿Tiene caballo Sancho Panza?

19. ¿Qué monta él?
20. Un día, ¿qué ve don Quijote?
21. ¿Ve a los gigantes Sancho?
22. ¿Qué ve Sancho?
23. ¿Va a atacar don Quijote a los gigantes?
24. ¿Cómo son los gigantes?
25. ¿Los ataca don Quijote?
26. ¿Qué mueve las aspas del molino?
27. Para don Quijote, ¿qué son las aspas?
28. ¿Dónde pone don Quijote su lanza?
29. ¿Levanta el aspa a don Quijote?
30. ¿Se cae herido don Quijote?
31. ¿Ahora son los gigantes molinos de viento?
32. ¿Quién los convierte en molinos?

Estatua de don Quijote y Sancho Panza en Madrid

El molino tiene aspas, La Mancha

EJERCICIOS ESCRITOS

A. Complete each sentence with the correct word.

1. Hay muchos libros en una _____.
2. Un molino de viento tiene _____ y una persona tiene _____.
3. Don Quijote es alto y _____.
4. Sancho Panza es _____ y gordo.
5. No es bueno; es _____.
6. Don Quijote _____ a caballo.
7. Cuando hace _____, las aspas del molino se mueven.
8. Una persona de un libro es un _____.

B. Answer each of the following questions.

1. ¿Eres bueno(a)?
2. ¿Eres mala(o)?
3. ¿Eres bajo(a)?
4. ¿Eres gorda(o)?
5. ¿Eres viejo(a)?
6. ¿Eres flaca(o)?
7. ¿Eres alto(a)?
8. ¿Tienes amigas y amigos?
9. ¿Cuántos brazos tienes?
10. ¿Estás loca(o)?
11. ¿Estás herido(a)?

C. Rewrite each sentence according to the model.

Juan tiene el accidente. →Juan lo tiene.

1. Juan tiene el accidente.
2. Yo preparo la ensalada.
3. Juan ve a sus amigos.
4. Ellos tocan la guitarra.
5. El mesero pone los tenedores en la mesa.
6. María compra el traje de baño.
7. El niño recibe los regalos.
8. Leemos el periódico.
9. El mozo lleva las maletas.
10. El sobrecargo trae la comida.
11. Pongo la maleta en el andén.
12. Elena compra los boletos en la ventanilla.

La bonita región de La Mancha

13. Esperamos el tren en el andén.
14. Juan abre la boca.
15. La médica examina la garganta.
16. Yo pongo los vasos en la mesa.
17. Vemos la pista.
18. Papá recibe la carta.
19. Ponen los paquetes en el baúl del carro.
20. El médico da la inyección.

D. Rewrite each sentence changing algo **to** nada.

1. Veo algo.
2. Algo está en la mesa.
3. Algo mueve.
4. Hay algo en la biblioteca.
5. Algo está aquí.

E. Rewrite each sentence changing alguien **to** nadie.

1. Veo a alguien.
2. Alguien está en el andén.
3. Alguien lee el libro en la biblioteca.
4. Alguien está en el carro.
5. Alguien habla con el sobrecargo.

F. Rewrite each sentence changing siempre **to** nunca.

1. Él siempre habla.
2. Siempre vamos a la playa.
3. Siempre esquían en el invierno.
4. Yo siempre recibo cartas.
5. Siempre estoy en el barrio viejo.

Sancho Panza es bajo y gordo

G. Answer the following questions in paragraph form.

¿De dónde es don Quijote?
¿Cómo es don Quijote?
¿Qué tiene en su casa?
¿Qué lee don Quijote?
¿Cómo se vuelve?
Un día, ¿de dónde sale él?
¿Quién sale con don Quijote?
¿Cómo es Sancho?
¿A qué monta don Quijote?
¿Cómo es su caballo?
¿Qué monta Sancho Panza?

RESUMEN ORAL

LECCIÓN 3

VOCABULARIO

1. El gitano toca la guitarra.
   Canta flamenco.
   El gitano vive en una cueva.
   El sol brilla en el cielo.

2. Los toros corren.
   Corren por las calles.
   Corren tras los hombres.
   Llegan a la plaza de toros.

3. Es una fiesta.

4. Son minas de carbón.

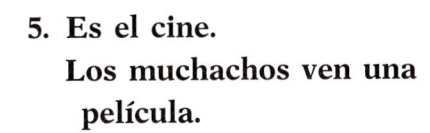

5. Es el cine.
   Los muchachos ven una película.

La costa de España tiene playas bonitas

una península   Una península tiene agua a los tres lados.

el instrumento   musical
la industria

Ejercicios de vocabulario

A. Answer each of the following questions.

1. ¿Toca la guitarra el gitano?
2. ¿Quién toca la guitarra?
3. ¿Canta flamenco?
4. ¿Dónde vive el gitano?
5. ¿Corren los toros?
6. ¿Corren por las calles?
7. ¿Corren tras los hombres?
8. ¿Adónde llegan los toros?
9. ¿Ven los muchachos una película?
10. ¿Ven una película en el cine?
11. ¿Es España una península?
12. ¿Es Puerto Rico una península?

ESTRUCTURA

Los adjetivos demostrativos
Este, ese, aquel

A. Repitan.

Este castillo aquí es bonito.
Ese castillo allí es bonito.
Aquel castillo allá es bonito.

Este libro es interesante.
Ese libro es interesante.
Aquel libro es interesante.

La guitarra es el instrumento musical de España

B. Contesten.

¿Es moderno este aeropuerto?
¿Es moderno ese aeropuerto?
¿Es moderno aquel aeropuerto?
¿Es alto este muchacho?
¿Es alto ese muchacho?
¿Es alto aquel muchacho?
¿Es pequeño este pueblo?
¿Es pequeño ese pueblo?
¿Es pequeño aquel pueblo?
¿Es alto este edificio?
¿Es alto ese edificio?
¿Es alto aquel edificio?

Esta, esa, aquella

A. Repitan.

Esta región es fértil.
Esa región es fértil.
Aquella región es fértil.

B. Contesten.

¿Es blanca esta camisa?
¿Es blanca esa camisa?
¿Es blanca aquella camisa?
¿Es nueva esta maleta?
¿Es nueva esa maleta?
¿Es nueva aquella maleta?
¿Es bonita esta isla?
¿Es bonita esa isla?
¿Es bonita aquella isla?

España es la tierra del flamenco

Estos, esos, aquellos

A. Repitan.

Estos productos son importantes.
Esos productos son importantes.
Aquellos productos son importantes.

B. Contesten.

¿Son interesantes estos periódicos?
¿Son interesantes esos periódicos?
¿Son interesantes aquellos periódicos?
¿Son pequeños estos pueblos?
¿Son pequeños esos pueblos?
¿Son pequeños aquellos pueblos?
¿Son fértiles estos campos?
¿Son fértiles esos campos?
¿Son fértiles aquellos campos?

Estas, esas, aquellas

A. Repitan.

Estas regiones son bonitas.
Esas regiones son bonitas.
Aquellas regiones son bonitas.

B. Contesten.

¿Son altas estas montañas?
¿Son altas esas montañas?
¿Son altas aquellas montañas?
¿Son blancas estas casas?
¿Son blancas esas casas?
¿Son blancas aquellas casas?
¿Son nuevas estas maletas?
¿Son nuevas esas maletas?
¿Son nuevas aquellas maletas?

La Puerta del Sol, Madrid

LECTURA

España

España. Un país bonito. Un país de sol. Un país de gente simpática. Un país de música. España es un país que tiene algo para todos.

Como es una península, España tiene mucha costa. En su costa hay muchas playas. Allí la gente nada y toma el sol.

España tiene también montañas. En el invierno mucha gente esquía en las montañas de España.

El instrumento musical de España es la guitarra. En Andalucía la música de las guitarras sale de las cuevas de los gitanos. Es la tierra del flamenco.

En Andalucía, la bonita región del sur de España, hay muchos pueblos pintorescos. Las casas son blancas y el sol brilla siempre.

tierra land

pintorescos
 picturesque

España tiene sus ciudades grandes como Madrid y Barcelona. Aquí los muchachos compran en las tiendas, comen en los restaurantes y van a los cines. Las películas americanas son muy populares.

En el norte de España hay mucha industria. La gente trabaja en las minas de carbón. En esta región hay muchas fábricas.

Pero los españoles no pueden trabajar siempre. Tienen que tener sus fiestas. El siete de julio es el día de San Fermín. En el pueblo de Pamplona, los toros corren por las calles tras los hombres. Por fin, llegan a la plaza de toros. La corrida empieza.

Sí, España, con sus playas, sus montañas, sus pueblos, sus ciudades, su música y sus fiestas, es un país que tiene algo para todos.

corrida bullfight
empieza begins

Preguntas

1. ¿Qué tiene España?
2. ¿Es España una península?
3. ¿Qué hay en su costa?
4. ¿Qué hace la gente en las playas?
5. ¿Tiene España montañas?
6. ¿Esquía mucha gente en las montañas de España?
7. ¿Cuándo esquía la gente?
8. ¿Cuál es el instrumento musical de España?
9. ¿De dónde sale la música de las guitarras?
10. ¿Dónde está Andalucía?
11. ¿Qué hay en Andalucía?
12. ¿De qué color son las casas?
13. ¿Brilla el sol siempre?
14. ¿Cuáles son dos ciudades grandes de España?
15. ¿Dónde compra la gente?
16. ¿Dónde come la gente?
17. ¿Qué ve la gente en los cines?
18. ¿Cómo son las películas americanas?
19. ¿Dónde hay mucha industria?

20. ¿Dónde trabaja la gente?
21. ¿Pueden los españoles trabajar siempre?
22. ¿Qué tienen que tener?
23. ¿Qué es el siete de julio?
24. ¿Por dónde corren los toros?
25. ¿Tras quiénes corren?
26. ¿Adónde llegan?
27. ¿Qué empieza?

Las casas blancas de Andalucía

Los toros corren por las calles de Pamplona

EJERCICIOS ESCRITOS

A. Complete each sentence with the correct word.

1. El _____ vive en una cueva.
2. El sol brilla en el _____.
3. El gitano canta _____.
4. Los toros corren _____ los hombres.
5. Los toros llegan a la _____ de toros.
6. Cantamos, hablamos y comemos en una _____.
7. Hay carbón en las _____.
8. Vemos una _____ en el cine.
9. La guitarra es un instrumento _____.
10. Una _____ tiene agua a los tres lados.

B. Change "this" or "these" to both forms of "that" or "those" in each sentence.

1. Esta blusa es bonita.
2. Estos aviones son nuevos.
3. Este producto es importante.
4. Estas montañas son altas.
5. Este pasajero no tiene su boleto.
6. Estas islas son tropicales.
7. Esta región es pintoresca.
8. Esta ciudad es grande.

C. Change "that" or "those" to "this" or "these" in each sentence.

1. Tengo que leer ese libro.
2. Queremos visitar aquella región.
3. No queremos comprar esas maletas.
4. Hay una biblioteca en el centro de ese pueblo.
5. Esa blusa es roja.
6. Aquel edificio es muy alto.
7. Aquel aeropuerto está cerca de la ciudad.

Industria en Cádiz

RESUMEN ORAL

LECCIÓN 4

VOCABULARIO

1. Sacan al hombre de la cueva.

2. Lo atan a un árbol.
   Lo atan con una cuerda.

3. Es el camino de Tózar.
   El burro está en el camino.
   El señor grita.
   Otro señor se ríe.
   El señor está alegre.

4. La maestra enseña.

las señas   la descripción
el ladrón   una persona que roba
la buenaventura   lo que va a pasar en el futuro
el mes   Julio es un mes; agosto es otro mes.

el guardia   roba   elegante
el campamento   describe
la libertad

43

Ejercicios de vocabulario

A. Answer each of the following questions.

1. ¿Sacan al hombre de la cueva?
2. ¿A quién sacan de la cueva?
3. ¿De dónde sacan al hombre?
4. ¿Lo atan a un árbol?
5. ¿Con qué lo atan a un árbol?
6. ¿Es el camino de Tózar?
7. ¿Está el burro en el camino?
8. ¿Dónde está el burro?
9. ¿Grita el señor?
10. ¿Se ríe otro señor?
11. ¿Está alegre el señor?
12. ¿Cómo está el señor?
13. ¿Quién enseña?
14. ¿Quién roba?
15. ¿En qué mes estamos?

Barrio gitano, Granada

Pedro Antonio de Alarcón

ESTRUCTURA

El verbo **saber**

A. Repitan.

Yo sé la lección.
Sé las señas de Parrón.
Sé donde está España.
Sé bailar.

B. Contesten.

¿Sabes la lección?
¿Sabes dónde está Granada?
¿Sabes bailar?
¿Sabes nadar?
¿Sabes jugar al fútbol?
¿Sabes leer?
¿Sabes montar a caballo?
¿Sabes tocar la guitarra?

C. Contesten.

¿Sabe Juan la lección?
¿Sabe Enrique esquiar?
¿Sabe jugar al béisbol el muchacho?
¿Sabe leer la muchacha?

¿Saben la lección Juan y Carlos?
¿Saben montar a caballo las chicas?
¿Saben ellas tocar un instrumento musical?
¿Saben ellos bailar?

¿Saben Uds. dónde está Parrón?
¿Saben Uds. la palabra?
¿Saben Uds. leer?
¿Saben Uds. escribir?

D. Sigan las instrucciones.

Pregúntale a una muchacha si sabe el número de teléfono.
Pregúntale a un muchacho si sabe dónde está Puerto Rico.
Pregúntale a una muchacha si sabe tocar la guitarra.

Una vista de Granada

Pregúntale a la señorita Gómez si sabe nadar.
Pregúntale al señor López si sabe montar a caballo.
Pregúntales a los muchachos si saben el número de teléfono.
Pregúntales a las muchachas si saben las señas de Parrón.
Pregúntales a los señores si saben esquiar.

El verbo **conocer**

A. Repitan.

Yo conozco a Juan.
Conozco a María.
Conozco la literatura.

¿Conocen Uds. a Teresa?
¿Conocen Uds. a Carmen?
¿Conocen Uds. la literatura?
¿Conocen Uds. la historia de México?

B. Contesten.

¿Conoces a Juan?
¿Conoces a Elena?
¿Conoces a Guillermo?
¿Conoces a Parrón?
¿Conoces la música?
¿Conoces el arte?
¿Conoces al capitán?
¿Conoces al gitano?
¿Conoces al labrador?

D. Sigan las instrucciones.

Pregúntale a un muchacho si conoce a Enrique.
Pregúntale a una muchacha si conoce a Elena.
Pregúntale a una muchacha si conoce el arte de México.

C. Contesten.

¿Conoce Juan a Elena?
¿Conoce él a Teresa también?
¿Conoce Paco a la señorita López?
¿Conoce María la historia de España?

Pregúntale al señor Gómez si conoce al médico.
Pregúntale a la señorita Flores si conoce al gitano.

¿Conocen Carlos y Anita a Enrique?
¿Conocen ellos a Guillermo?
¿Conocen Tomás y David la música de España?
¿Conocen ellos al capitán general?

Pregúntales a las muchachas si conocen a Elena.
Pregúntales a los muchachos si conocen al capitán.
Pregúntales a las señoras si conocen la literatura española.

LECTURA

La Buenaventura

Un día, un gitano de Granada llega a la oficina del capitán general. Quiere hablar con el capitán. Los guardias, que no saben por qué quiere hablar un pobre gitano con un hombre tan importante, se ríen. Cuando el capitán sabe que el gitano lo espera, decide hablar con él.

El gitano entra en la oficina donde está el capitán. Quiere su dinero.

—¿Qué dinero?—pregunta el capitán.

—El dinero por las señas de Parrón—contesta el gitano.

—¡Las señas de Parrón!—grita el capitán. —¡Imposible! Parrón roba a todo el mundo, y quien ve a Parrón, muere.

—Yo no—contesta el gitano. —Lo que no puede hacer un gitano, no lo puede hacer nadie.

tan so

muere dies

¿Cómo tiene el gitano las señas de Parrón?

Explica el gitano que, un día, él está en el camino de Tózar. Llegan unos ladrones que lo llevan a un campamento. No sabe si son los hombres de Parrón o no. En el campamento, lo atan a un árbol. Después de poco, llega un hombre elegante. Tiene que ser Parrón. Sí, es él. El gitano lo saluda. Explica a Parrón que puede cambiar burros muertos en burros vivos y que le quiere decir la buenaventura. También va a enseñar francés a un burro.

saluda greets
muertos dead
vivos alive
francés French

Parrón se ríe. Considera al gitano un hombre bueno porque cuando está con el gitano, no está triste. Está alegre. Con los otros hombres siempre está triste.

Parrón quiere saber la buenaventura. El gitano dice que va a morir el mes próximo. Dice Parrón que si no muere el mes próximo, el gitano va a morir. Pero, si él muere, el gitano va a tener la libertad.

Luego Parrón monta a su caballo y sale. Ponen al gitano en una cueva.

En ocho días no vuelve Parrón. El gitano habla mucho con los otros ladrones. A veces lo sacan de la cueva y lo atan a un árbol. Un día, vuelven los ladrones con un pobre labrador. El labrador llora porque los ladrones lo roban. Es un hombre pobre y tiene familia. ¿Qué va a hacer su familia en el invierno si no tienen dinero? Van a tener hambre y frío.

vuelve return

labrador worker
llora cries

hambre hunger

Preguntas

1. ¿Adónde llega un gitano?
2. ¿Con quién quiere hablar?
3. ¿Quiénes se ríen? ¿Por qué?
4. ¿Quiere hablar con el gitano el capitán?
5. ¿Qué quiere el gitano?

6. ¿Por qué quiere el dinero?
7. ¿Qué hace Parrón?
8. ¿Quién puede hacer más que un gitano?
9. Un día, ¿dónde está el gitano?
10. ¿Quiénes llegan?
11. ¿Adónde lo llevan?
12. ¿Dónde lo atan?
13. Después de poco, ¿quién llega?
14. ¿Qué explica a Parrón?
15. ¿Cómo está Parrón cuando está con el gitano?
16. ¿Qué quiere saber Parrón?
17. ¿Cuál es la buenaventura?
18. Si no muere Parrón, ¿quién va a morir?
19. ¿Dónde ponen al gitano?
20. ¿Con quiénes habla el gitano?
21. ¿De dónde sacan al gitano y dónde lo atan?
22. Un día, ¿con quién vuelven los ladrones?
23. ¿Por qué llora el labrador?
24. ¿Es pobre o rico el labrador?
25. ¿Qué va a tener su familia?

Los burros están en el camino, Granada

La Alhambra, Granada

Los gitanos viven en una cueva

EJERCICIOS ESCRITOS

A. Complete each sentence with the correct word.

1. Lo que va a pasar en el futuro es la _____.
2. Ellos _____ al hombre a un árbol.
3. No está triste; está _____.
4. Un _____ es una persona que roba.
5. Un _____ es un animal.
6. La maestra _____.
7. Él va a la policía porque tiene las _____ del ladrón.
8. Atan al hombre a un árbol con una _____.

B. Complete each sentence with the correct form of the verb *saber*.

1. Yo _____ la lección.
2. Yo _____ donde está Madrid.
3. ¿_____ tú nadar?
4. Ellos no _____ esquiar.
5. María _____ jugar al fútbol.
6. Nosotros no _____ la buenaventura.
7. Yo _____ tocar un instrumento musical.
8. El muchacho _____ el vocabulario.

C. Answer each of the following questions.

1. ¿Conoces a Juan?
2. ¿Conoces a María?
3. ¿Conoces la historia de España?
4. ¿Conocen ellos a la familia de Juan?
5. ¿Conocen Uds. a Sarita?
6. ¿Conoces al señor Flores?

D. Complete each sentence with the correct form of the verbs *saber* or *conocer*.

1. Yo _____ la hora.
2. Nosotros _____ a María.
3. Carlos _____ esquiar.
4. Ellos _____ la lección.
5. Yo _____ leer y escribir.
6. ¿_____ tú a Enrique?
7. Ella _____ el arte de México.
8. Nosotros _____ que Madrid es la capital de España.
9. Ellos _____ la música mexicana.
10. Sí, yo _____ a Enrique y _____ que vive en los Estados Unidos.

El Generalife, Granada

RESUMEN ORAL

LECCIÓN 5

VOCABULARIO

1. Es un ejército.
   En un ejército hay muchos soldados.
   Un soldado saca una pistola y tira.

una semana siete días
el jefe el líder
corre va rápido

    la policía   escapa   furioso
    la pistola   estúpido
    la dirección

Casas gitanas, Granada

Niños del Albaicín, Granada

Ejercicios de vocabulario

A. Answer each of the following questions.

1. ¿Qué hay en un ejército?
2. ¿Con qué tira el soldado?
3. ¿Cuántos días hay en una semana?
4. ¿Es un hombre importante el jefe?
5. ¿Estás contento o furioso?
6. ¿Corre el soldado?

ESTRUCTURA

El verbo **decir**

A. Repitan.

Juan dice la verdad.
Él dice la verdad.
María dice que está contenta.

B. Contesten.

¿Dice la verdad Juan?
¿Dice la buenaventura el gitano?
¿Dice don Quijote que los molinos son gigantes?
¿Dice el gitano que tiene las señas de Parrón?

C. Repitan.

Juan y Enrique dicen la verdad.
María y Elena dicen que van a Granada.

D. Contesten.

¿Dicen la verdad Juan y Carlos?
¿Dicen la buenaventura los gitanos?
¿Dicen que la avenida es ancha?
¿Dicen que la película es buena?

E. Repitan.

Yo digo la verdad.
Digo que él está enfermo.
Digo la buenaventura.

F. Contesten.

¿Dices la verdad?
¿Dices que él está enfermo?
¿Dices que él lo sabe?
¿Dices que él la conoce?
¿Dices que la familia tiene hambre?
¿Dices que hace calor en Puerto Rico?

G. Repitan.

¿Dices la verdad?
¿Dices que él está aquí?

H. Sigan las instrucciones.

Pregúntale a un muchacho si dice la verdad.
Pregúntale a un muchacho si dice que Parrón está en Granada.
Pregúntale a una muchacha si dice que Puerto Rico es una isla bonita.

I. Repitan.

Nosotros decimos la verdad.
Decimos que María es inteligente.
Decimos que él lo sabe.

J. Contesten.

¿Dicen Uds. la verdad?
¿Dicen Uds. que él está aquí?
¿Dicen Uds. que hay una plaza pintoresca en la ciudad?
¿Dicen Uds. que el aeropuerto está lejos?
¿Dicen Uds. que el avión despega ahora?

K. Repitan.

¿Dicen Uds. la verdad?
¿Dicen Uds. la buenaventura?
¿Dice Ud. la verdad?

L. Sigan las instrucciones.

Pregúntales a los muchachos si dicen la verdad.
Pregúntales a las muchachas si dicen que Barcelona es una ciudad grande.
Pregúntales a los señores si dicen que van a la playa.
Pregúntale al señor López si dice que va a la oficina.
Pregúntale a la señorita Flores si dice que la película es interesante.

La Alhambra es muy bonita

LECTURA

La Buenaventura
(continuación)

Después de poco los ladrones dan la libertad al pobre labrador pero no van a decir nada a Parrón. El labrador sale.

Después de poco vuelve Parrón. ¿Con quién? Con el labrador. Parrón está furioso. Quiere saber dónde está el dinero de este pobre labrador. Los otros ladrones dan el dinero a Parrón y Parrón lo da al labrador.

Cuando el labrador va a salir, Parrón saca su pistola y tira al labrador. El labrador se cae y muere. Parrón está furioso con los ladrones. Si un hombre como este labrador vive después de ver el campamento, puede dar las señas a la policía.

¡Qué suerte tiene el gitano! Uno de los tiros de la pistola de Parrón corta la cuerda con que él está atado al árbol. El gitano espera y mientras Parrón come, él escapa. Corre rápido hasta llegar a la oficina del capitán.

suerte luck
tiros shots
corta cuts

El gitano da las señas de Parrón al capitán, recibe su dinero y sale.

Dos semanas después, hay mucha gente en una calle de Granada. Todos miran a dos ejércitos que van a salir a buscar a Parrón.

buscar to look for

El jefe de uno de los ejércitos no está. Un soldado, que se llama Manuel, explica que el jefe ha muerto. Parrón lo ha matado. Todos quieren saber dónde. Contesta el soldado: —En Granada.— Luego Parrón tiene que estar en la ciudad y no en las montañas.

ha muerto has died
ha matado has killed

En este momento, llega el gitano. El soldado Manuel ve al gitano, levanta su pistola y tira. El gitano corre. Otro soldado cambia la dirección de la pistola y el gitano no muere. Dice el gitano que este hombre es Parrón.

Todos los soldados deciden que son muy estúpidos porque Parrón mismo es uno de los soldados. Así, la buenaventura del gitano es verdad. Capturan a Parrón y él muere.

mismo himself

ADAPTED FROM
PEDRO ANTONIO DE ALARCÓN

Preguntas

1. ¿Qué dan los ladrones al labrador?
2. ¿Qué van a decir a Parrón?
3. ¿Con quién vuelve Parrón?
4. ¿Qué quiere saber?
5. ¿A quién da el dinero Parrón?
6. Cuando el labrador va a salir, ¿qué hace Parrón?
7. ¿Por qué está furioso Parrón?
8. ¿Qué corta uno de los tiros de Parrón?
9. ¿Cuándo escapa el gitano?
10. ¿Adónde corre el gitano?
11. ¿A quién da el gitano las señas de Parrón?
12. ¿Qué recibe?
13. ¿Dónde hay mucha gente?
14. ¿A qué miran todos?
15. ¿Quién no está?
16. ¿Quién explica donde está?
17. En este momento, ¿quién llega?
18. ¿Qué hace el soldado Manuel?
19. ¿Quién cambia la dirección de la pistola?
20. ¿Quién es Parrón?
21. ¿Por qué son estúpidos los soldados?
22. ¿Por qué es verdad la buenaventura del gitano?

En una calle de Granada

Casas pintorescas de Granada

EJERCICIOS ESCRITOS

A. Complete each sentence with the correct word.

1. Hay siete días en una _____.
2. El _____ de nuestro gobierno es el presidente.
3. Hay muchos soldados en un _____.
4. Un soldado _____ la pistola.
5. Parron está _____; no está tranquilo.
6. No es inteligente; es _____.

B. Complete each sentence with the correct form of the verb decir.

1. Él _____ que hay playas bonitas en Puerto Rico.
2. Nosotros _____ que vamos a comer en aquel restaurante.
3. El gitano _____ que tiene las señas de Parrón.
4. Yo _____ que venden vegetales en aquel mercado.
5. Ellas _____ que el gitano vive en una cueva.
6. Él _____ que muchos hispanos viven en los Estados Unidos.
7. ¿_____ tú que no quieres esquiar?
8. Nosotras _____ que va a hacer buen tiempo.
9. Yo _____ que él tiene sed.
10. Uds. _____ que vamos a nadar en el mar.

RESUMEN ORAL

LECCIÓN 6

VOCABULARIO

1. Es una lechería.
   Es una panadería.

2. Es una pastelería.

3. Es un mercado grande.
En el mercado hay muchos puestos.
Los clientes van de un puesto a otro.
El mercado está al aire libre.

hacer las compras ir a comprar algo
las legumbres los vegetales
el precio lo que uno tiene que pagar por algo
bajo contrario de **alto**

la crema   individual
la manera   único

Ejercicios de vocabulario

A. Answer each of the following questions.

1. ¿Venden leche en una lechería?
2. ¿Venden pan en una panadería?
3. ¿Venden pasteles y torta en una pastelería?
4. ¿Hay muchos puestos en el mercado?
5. ¿Van de un puesto a otro los clientes?
6. ¿Está al aire libre el mercado?
7. ¿Venden legumbres en el mercado?
8. ¿Son altos los precios?

B. Answer each of the following questions.

1. ¿Dónde venden leche?
2. ¿Dónde venden pan?
3. ¿Dónde venden pasteles?
4. ¿Dónde está el mercado grande?
5. ¿Cómo son los precios?

En un supermercado moderno, España

En una pastelería, México

ESTRUCTURA

El comparativo

A. Repitan.

Paco es más alto que Enrique.
Elena es más alta que Carmen.

B. Contesten.

¿Quién es más alto, Paco o Pepe?
¿Quién es más alta, Elena o Carmen?

¿Quién es más guapo, Carlos o Tomás?
¿Quién es más bonita, Sarita o Teresa?
¿Qué barrio es más interesante, el barrio viejo o el barrio moderno?
¿Qué deporte es más popular, el fútbol o el béisbol?
¿Qué país es más grande, España o Puerto Rico?

El superlativo

A. Repitan.

El azúcar es el producto más importante de Puerto Rico.
San Juan es la ciudad más importante de la isla.
Tokio es la ciudad más grande del mundo.

B. Contesten.

¿Cuál es el producto más importante de Puerto Rico?
¿Cuál es la ciudad más grande de la isla?
¿Cuál es la ciudad más grande de los Estados Unidos?
¿Cuál es el edificio más alto de su pueblo?
¿Quién es el más alto de la clase?
¿Quién es la más alta de la clase?

La señora compra carne en la carnicería, España

LECTURA

De compras

En los Estados Unidos y en las grandes ciudades y suburbios de Hispanoamérica, la gente hace sus compras en un supermercado. En una sola tienda el cliente puede comprar casi todo lo que necesita—carne, leche, legumbres. No tiene que ir de una tienda a otra.

En España la tienda pequeña es más popular que el supermercado. Cuando la gente hace sus compras, van a muchas tiendas individuales.

Para comprar leche, van a la lechería. En la lechería pueden comprar también crema, nata y queso—todos los productos que produce la leche.

nata whipped cream

Muy temprano por la mañana, los clientes van a la carnicería. Compran la carne cada día. Así, la carne está muy fresca.

Hay también supermercados en España. Pero los precios en el supermercado son generalmente más altos que en una tienda pequeña. En los Estados Unidos los precios son más bajos en el supermercado.

En las zonas rurales de Hispanoamérica hay muchos mercados grandes. Una parte del mercado está en un edificio. Otra parte está al aire libre. En el mercado hay muchos puestos. Los clientes van de un puesto a otro. Así compran los productos que necesitan. A veces alguien no tiene puesto y vende algunos vegetales que pone en el suelo.

costumbres customs
pensar think

Cada país tiene sus costumbres diferentes. Por eso, el mundo en que vivimos es muy interesante. Nunca podemos pensar que la manera en que nosotros hacemos algo es la única. Siempre hay otras.

Preguntas

1. ¿Dónde hace sus compras la gente en los Estados Unidos?
2. ¿Dónde hace sus compras la gente en las grandes ciudades de Hispanoamérica?
3. ¿Qué pueden comprar en una sola tienda?
4. ¿Qué es más popular que el supermercado en España?
5. ¿Adónde van los clientes en España?
6. ¿Dónde compran leche?
7. ¿Qué más pueden comprar en una lechería?
8. ¿Cuándo van a la carnicería?
9. ¿Compran la carne cada día?
10. ¿Cómo está la carne?
11. ¿Cómo son los precios en los supermercados de España?
12. ¿Qué hay en las zonas rurales de Hispanoamérica?
13. ¿Dónde está una parte del mercado?

En un mercado al aire libre, México

14. ¿Dónde está otra parte?
15. ¿Qué hay en el mercado?
16. Si alguien no tiene puesto, ¿dónde vende sus vegetales?
17. ¿Tiene cada país costumbres diferentes?
18. ¿Hay solamente una manera de hacer algo?

La señora vende vegetales en el suelo

EJERCICIOS ESCRITOS

A. Complete each sentence with the correct word.

1. Venden _____ en una lechería.
2. La _____ es un producto de la leche.
3. Hay muchos _____ en el mercado grande al aire libre.
4. Venden pan en la _____.

5. Nosotros hacemos las ____ en un supermercado.
6. La gente que compra en una tienda son los ____ de la tienda.
7. El precio no es alto; es ____.
8. Venden tortas en una ____.

B. Complete each sentence with the correct words.

1. Carlos es ____ alto ____ su hermano.
2. Este jugador es ____ fuerte ____ aquel jugador.
3. Esta ciudad es ____ grande ____ aquella ciudad.
4. Estos supermercados son ____ modernos ____ aquellos supermercados.
5. Aquel pueblo es ____ pequeño ____ este pueblo.
6. Aquella iglesia es ____ bonita ____ esta iglesia.
7. Los precios en esta tienda son ____ altos ____ en aquella tienda.
8. Hace ____ calor aquí ____ allí.
9. Carlos está ____ enfermo ____ Jorge.
10. María está ____ contenta ____ su hermana.

Las muchachas compran pan en el mercado

C. Answer each of the following questions.

1. ¿Quién es la más alta de la clase?
2. ¿Quién es el más alto de la clase?
3. ¿Quién es la más alta de tu familia?
4. ¿Quién es el más alto de tu familia?
5. ¿Cuál es la tienda más grande de tu pueblo o ciudad?
6. ¿Cuál es la ciudad más grande del mundo?
7. ¿Quién es el jugador de fútbol más famoso del mundo?

D. Answer the following questions in paragraph form.

¿Quién hace las compras para tu familia?
¿Dónde hace las compras?
¿Hace las compras cada día o una vez a la semana?
¿Compra todo en una tienda o va a muchas tiendas diferentes?
¿Hay solamente una manera de hacer las compras?
¿Cuáles son algunas maneras de hacer las compras?

RESUMEN ORAL

LECCIÓN 7

VOCABULARIO

1. Es una zona montañosa.
   No crece mucha vegetación.
   A lo lejos hay un pico.

2. El señor anda a pie.
   La llama lleva carga.

3. Es una carretera.

diario de cada día
la lucha la batalla
el compañero una persona que va con alguien
viajar hacer un viaje

   el hemisferio   imaginar   constante
   la geografía
   la zona
   el material

Ejercicios de vocabulario

A. Answer each of the following questions.

1. ¿Hay montañas en una zona montañosa?
2. ¿Crece mucha vegetación en las zonas montañosas?
3. ¿Es alto el pico de la montaña?
4. ¿Está a lo lejos el pico?
5. ¿Dónde está el pico?
6. ¿Anda en carro el señor?

7. ¿Cómo anda el señor?
8. ¿Es la llama un animal?
9. ¿Qué lleva la llama?
10. ¿Es una carretera?
11. ¿Viaja el señor con un compañero?
12. ¿Tiene don Quijote una lucha con los molinos?
13. ¿Imagina don Quijote que los molinos son gigantes?

Casas de los Andes, Perú

La gente de la zona montañosa cultiva sus productos

ESTRUCTURA

El mandato familiar

A. Repitan.

Mira.
Mira el edificio.
Habla.
Habla español.
Come.
Come ahora.
Escribe.
Escribe una carta.

B. Contesten según el modelo.

¿Hablo? → Sí, habla.

¿Hablo español?
¿Hablo inglés?
¿Miro la televisión?
¿Estudio?
¿Preparo la comida?
¿Tiro la pelota?
¿Compro el pan?
¿Espero aquí?
¿Leo el periódico?
¿Leo el libro?
¿Veo la película?
¿Vendo el coche?
¿Abro la boca?
¿Abro el libro?
¿Escribo la carta?
¿Subo al tren?

Su trabajo es el trabajo de vivir, Perú

LECTURA

La vida en las montañas

La América del Sur es un continente de grandes contrastes. Si queremos comprender esta gran parte importante de nuestro hemisferio, tenemos que saber algo de su geografía.

comprender to understand

La geografía es más que nombres de ríos y montañas. La geografía tiene mucha influencia en la vida diaria de la gente.

ríos rivers

Una gran parte de la América del Sur es montañosa. Las montañas son muy altas. Hace frío en las montañas. No crece mucha vegetación. Es difícil ir de un pueblo a otro. No hay carreteras y no hay teléfonos.

difícil difficult

Imagina que tú vives en un pueblo donde no hay teléfono. No hay calles. No hay carros. No hay autobuses. Si tú estás enfermo, no puedes ir al médico. No hay médico. No hay tiendas donde tú puedes comprar ropa y comida.

¿Cómo vive la gente en estas zonas montañosas de los Andes? Ellos no trabajan en una oficina o en una fábrica. Su trabajo es el trabajo de vivir. **Construyen** sus casas. Cultivan los productos que comen. Hacen su ropa. Cuando viajan, andan a pie. Van con su llama, el compañero constante del indio andino. La vida de muchos de los indios que viven en los picos andinos del Ecuador, del Perú y de Bolivia es una lucha contra la naturaleza.

Construyen
They build

Preguntas

1. ¿Cuál es un continente de grandes contrastes?
2. ¿Tenemos que saber algo de su geografía?
3. ¿Tiene la geografía mucha influencia en la vida de la gente?
4. ¿Es montañosa una gran parte de la América del Sur?
5. ¿Cómo son las montañas?
6. ¿Hace frío en las montañas?
7. ¿Crece mucha vegetación en las montañas?
8. ¿Es difícil ir de un pueblo a otro?
9. ¿Hay carreteras?
10. ¿Hay carros?
11. ¿Hay autobuses?
12. ¿Hay médicos?
13. ¿Hay tiendas?
14. ¿Trabaja la gente en una oficina o en una fábrica?
15. ¿Construyen sus casas?
16. ¿Cultivan los productos que comen?
17. ¿Hacen su ropa?
18. ¿Viajan a pie?
19. ¿Quién es el compañero constante del indio andino?
20. ¿Qué es la vida para muchos indios de la América del Sur?

Llamas en Cuzco

Carreteras modernas, Caracas, Venezuela

Una india andina con su hija, Perú

EJERCICIOS ESCRITOS

A. Correct each false statement.

1. En las zonas montañosas crece mucha vegetación.
2. La llama es un animal.
3. El señor cultiva llamas.
4. Un señor que tiene carro anda a pie.
5. Constante es siempre.

B. Complete each sentence with the correct command ending.

1. Habl____ en español.
2. Sub____ al tren.
3. Ayud____ a María.
4. Escrib____ la carta.
5. Com____ la ensalada.
6. Estudi____ más.

La ciudad moderna de Buenos Aires, Argentina

   7. Nad_____ con Juan.
   8. Vend_____ el billete.
   9. Le_____ el libro.
10. Prepar_____ la comida.

C. Follow the model.

   ¿Estudio español o inglés? →
   Estudia español.

1. ¿Como carne o ensalada?
2. ¿Nado en el mar o en el río?
3. ¿Ayudo a Paco o a María?
4. ¿Miro el libro o el periódico?
5. ¿Trabajo aquí o allí?

RESUMEN ORAL

LECCIÓN 8

VOCABULARIO

1. Es una selva tropical.
   Llueve mucho.
   Hay mucha vegetación.
   La palma tiene hojas.

2. Es una jungla.
   El señor corta una senda.
   Corta la senda con el machet
   La señora anda en canoa.

3. Son las pampas argentinas.
   El ganado está en las pampas.
   El ganado produce mucha carne.

a veces no siempre

el petróleo exportan
la agricultura

Una casa de la selva tropical, Colombia

Las niñas juegan delante de su casa, Lima

La gente viaja en canoa, Perú

Ejercicios de vocabulario

A. Answer each of the following questions.

1. ¿Llueve mucho en las selvas tropicales?
2. ¿Hay mucha vegetación en las selvas?
3. ¿Tiene hojas la palma?
4. ¿Corta el señor una senda?
5. ¿Corta la senda con un machete?
6. ¿Corta la senda en la jungla?
7. ¿Anda la señora en una canoa?
8. ¿Está en las pampas el ganado?
9. ¿Produce mucha carne el ganado?
10. ¿Es importante el petróleo?

B. Answer each of the following questions.

1. ¿Dónde llueve mucho?
2. ¿Qué hay en las selvas tropicales?
3. ¿Qué tiene la palma?
4. ¿Qué corta el señor?
5. ¿Con qué corta la senda?
6. ¿Dónde corta la senda?
7. ¿Cómo anda la señora?
8. ¿Dónde está el ganado?
9. ¿Qué produce el ganado?
10. ¿Cómo es el petróleo?

Cines y tiendas en el Jirón de la Unión, Lima, Perú

ESTRUCTURA

El mandato formal

A. Repitan.

Hable Ud., señor Gómez.
Mire Ud.
Coma Ud.
Lea Ud.
No suba Ud. al tren.
No abra Ud. la boca.

B. Contesten según el modelo.

    ¿Hablo o no? →
    Sí, hable Ud., señor.
    No, señor, no hable Ud.

¿Hablo o no?
¿Estudio o no?
¿Preparo la comida o no?
¿Compro el pan o no?
¿Ayudo o no?
¿Trabajo o no?
¿Espero aquí o no?
¿Tomo las pastillas o no?
¿Como o no?
¿Leo el libro o no?
¿Vendo el billete o no?
¿Escribo la carta o no?
¿Abro la boca o no?
¿Subo al tren o no?

C. Repitan.

No hablen Uds.
No miren Uds.
No coman Uds.
Lean Uds.
Suban Uds.
Abran Uds. la maleta.

D. Contesten según el modelo.

¿Hablamos o no? →
Sí, hablen Uds.
No, no hablen Uds.

¿Hablamos o no?
¿Estudiamos o no?
¿Preparamos el sándwich o no?
¿Compramos la casa o no?
¿Ayudamos a María o no?
¿Trabajamos ahora o no?
¿Esperamos aquí o no?
¿Tomamos una limonada o no?
¿Comemos o no?
¿Leemos la carta o no?
¿Vendemos el billete o no?
¿Escribimos a Juan o no?
¿Abrimos las maletas o no?
¿Subimos las montañas o no?

La Avenida O'Higgins, Santiago de Chile

En la selva tropical hay mucha vegetación, Ecuador

LECTURA

La vida en las selvas tropicales

En la América del Sur hay grandes zonas tropicales. En estas zonas siempre hace mucho calor. Llueve mucho. En estas regiones hay grandes selvas tropicales con mucha vegetación. En estas selvas viven jóvenes como Uds. Donde viven no hay calles. Si quieren ir de un lugar a otro, cortan una senda en la vegetación con un machete. A veces viajan en una canoa. Hacen sus casas con las hojas de la palma.

Pero, ¿es toda la América del Sur junglas y montañas? No. Hay también grandes ciudades como Caracas, Quito, Lima y Santiago de Chile. En estas ciudades modernas

jóvenes young people
lugar place

canchas de esquí
　ski resorts

aisladas isolated

hay tiendas, casas, apartamentos y cines. Hay suburbios con casas residenciales. La costa tiene playas fantásticas. Hay también canchas de esquí.

Hay industria y agricultura. El ganado de las pampas argentinas produce mucha carne. Exportan la carne a Europa y a los Estados Unidos. Venezuela produce mucho petróleo que nosotros usamos en nuestros carros.

El continente sudamericano es un continente interesante. Es un continente de contrastes. Tiene zonas aisladas en las junglas y en las montañas. Tiene ciudades grandes y modernas. Tiene de todo.

Preguntas

1. ¿Dónde hay grandes zonas tropicales?
2. ¿Qué tiempo hace en estas zonas tropicales?
3. ¿Qué hay en las selvas tropicales?
4. ¿Viven muchos jóvenes en las selvas tropicales?
5. Si quieren ir de un lugar a otro, ¿qué cortan?
6. ¿Con qué cortan la senda?
7. A veces, ¿cómo viajan?
8. ¿Con qué hacen sus casas?
9. ¿Hay también grandes ciudades en la América del Sur?
10. ¿Cuáles son algunas ciudades grandes?
11. ¿Qué hay en estas ciudades?
12. ¿Qué tiene la costa?
13. ¿Hay también canchas de esquí?
14. ¿Hay industria y agricultura en la América del Sur?
15. ¿Dónde hay mucho ganado?
16. ¿Qué produce el ganado?
17. ¿Adónde exportan los argentinos la carne?
18. ¿Cuál es un país que produce mucho petróleo?
19. ¿Es la América del Sur un continente de contrastes?
20. ¿Qué tiene la América del Sur?

Las pampas argentinas

EJERCICIOS ESCRITOS

A. Complete each sentence with the correct word.

1. El señor corta una _____ con un machete.
2. La señora no anda en carro; anda en una _____.
3. _____ mucho en las selvas tropicales.
4. La palma tiene _____.
5. Hay mucha _____ en las selvas tropicales.
6. El _____ produce mucha carne.
7. No voy allí siempre, solamente _____.
8. El ganado está en las _____ argentinas.
9. Hay mucha vegetación y llueve mucho en la _____.

Plaza de Mayo, Buenos Aires

B. **Answer each question with the correct form of the Ud. command.**

1. ¿Hablo?
2. ¿Leemos el libro?
3. ¿Subo las montañas?
4. ¿Estudiamos?
5. ¿Escribimos a Juan?
6. ¿Vendo el boleto?
7. ¿Visito a Elena?
8. ¿Abro la boca?
9. ¿Comemos las papas?
10. ¿Nadamos en la piscina?
11. ¿Vivimos en Lima?
12. ¿Preparamos el sándwich?
13. ¿Canto?
14. ¿Abrimos las maletas?
15. ¿Estudio la geografía?

RESUMEN ORAL

103

APPENDIX

NUMBERS

1	uno	24	veinticuatro	100	ciento (cien)
2	dos	25	veinticinco	105	ciento cinco
3	tres	26	veintiséis	113	ciento trece
4	cuatro	27	veintisiete	117	ciento diecisiete
5	cinco	28	veintiocho	122	ciento veintidós
6	seis	29	veintinueve	134	ciento trienta y cuatro
7	siete	30	treinta	148	ciento cuarenta y ocho
8	ocho	31	treinta y uno	160	ciento sesenta
9	nueve	32	treinta y dos	200	doscientos
10	diez	33	treinta y tres	250	doscientos cincuenta
11	once	34	treinta y cuatro	277	doscientos setenta y siete
12	doce	35	treinta y cinco	300	trescientos
13	trece	36	treinta y seis	400	cuatrocientos
14	catorce	37	treinta y siete	500	quinientos
15	quince	38	treinta y ocho	600	seiscientos
16	dieciséis	39	treinta y nueve	700	setecientos
17	diecisiete	40	cuarenta	800	ochocientos
18	dieciocho	50	cincuenta	900	novecientos
19	diecinueve	60	sesenta		
20	veinte	70	setenta		
21	veintiuno	80	ochenta		
22	veintidós	90	noventa		
23	veintitrés				

1.000	mil
1.004	mil cuatro
1.015	mil quince
1.031	mil treinta y uno
1.492	mil cuatrocientos noventa y dos
1.861	mil ochocientos sesenta y uno
1.970	mil novecientos setenta
2.000	dos mil
10.000	diez mil
40.139	cuarenta mil ciento treinta y nueve
100.000	cien mil
785.026	setecientos ochenta y cinco mil veintiséis
1.000.000	un millón
50.000.000	cincuenta millones

TIME

hours

1:00	Es la una.
2:00	Son las dos.
3:00	Son las tres.
4:00	Son las cuatro.
5:00	Son las cinco.
6:00	Son las seis.
7:00	Son las siete.
8:00	Son las ocho.
9:00	Son las nueve.
10:00	Son las diez.
11:00	Son las once.
12:00	Son las doce.
3:15	Son las tres y cuarto.
2:45	Son las tres menos cuarto.
4:30	Son las cuatro y media.
5:30	Son las cinco y media.
2:10	Son las dos y diez.
1:50	Son las dos menos diez.
1:10	Es la una y diez.
12:50	Es la una menos diez.
1:15	Es la una y cuarto.
1:30	Es la una y media.

days

domingo
lunes
martes
miércoles
jueves
viernes
sábado
domingo

months

enero
febrero
marzo
abril
mayo
junio
julio
agosto
septiembre
octubre
noviembre
diciembre

Verbs

regular verbs

	hablar	**comer**	**vivir**
	to speak	*to eat*	*to live*
y	hablo	como	vivo
tú	hablas	comes	vives
él, ella, Ud.	habla	come	vive
nosotros	hablamos	comemos	vivimos
(vosotros)	(habláis)	(coméis)	(vivís)
ellos, ellas, Uds.	hablan	comen	viven

stem-changing verbs

ie		ue
querer	**jugar**	**poder**
to wish, to want	*to play*	*to be able*
quiero	juego	puedo
quieres	juegas	puedes
quiere	juega	puede
queremos	jugamos	podemos
(queréis)	(jugáis)	(podéis)
quieren	juegan	pueden

irregular verbs

conocer	dar	decir	estar	hacer
to know, to be acquainted with	*to give*	*to say*	*to be*	*to do, to make*
conozco	doy	digo	estoy	hago
conoces	das	dices	estás	haces
conoce	da	dice	está	hace
conocemos	damos	decimos	estamos	hacemos
(conocéis)	(dais)	(decís)	(estáis)	(hacéis)
conocen	dan	dicen	están	hacen

ir	poner	saber	salir	ser
to go	*to put, to place*	*to know*	*to leave, to go out*	*to be*
voy	pongo	sé	salgo	soy
vas	pones	sabes	sales	eres
va	pone	sabe	sale	es
vamos	ponemos	sabemos	salimos	somos
(vais)	(ponéis)	(sabéis)	(salís)	(sois)
van	ponen	saben	salen	son

tener	traer
to have	*to bring*
tengo	traigo
tienes	traes
tiene	trae
tenemos	traemos
(tenéis)	(traéis)
tienen	traen

VOCABULARY

A

a *to* 1
abrir *to open* 2
abuelo *grandfather* 2
accidente (*m.*) *accident* 2
¿adónde? *where? to where?* 1
aeromozo *steward* 2
aeropuerto *airplane* 1
agosto *August* 4
agricultura *agriculture* 8
agua (*m.*) *water* 3
ahora *now* 1
aire (*m.*) *air* 2
   al aire libre *outdoor* 6
aislado *isolated* 8
alegre *happy* 4
algo *something* 2
alguien *someone* 2
alguno *some, any* 6
allá *there* 3
allí *there* 3
alto *high, tall* 1
americano *American* 3
amigo *friend* 1
ancho *wide* 1
andante *errant* 2
   caballero andante *knight errant* 2
andar *to go, to walk* 1
   andar a pie *to walk* 7
andén (*m.*) *platform* 2
andino *Andean* 7
animal (*m.*) *animal* 2
antiguo *old* 1
apartamento *apartment* 8
aquel *that* 3
aquí *here* 2
árbol (*m.*) *tree* 4
argentino *Argentine* 8
arte (*m.*) *art* 4
así *thus, in this way, therefore* 5
asno *donkey* 2
   montar un asno *to ride a donkey* 2
aspa *vane (of a windmill)* 2
atacar *to attack* 2
atar *to tie* 4
autobús (*m.*) *bus* 7
avenida *avenue* 1
aventura *adventure* 2
avión (*m.*) *airplane* 5
ayudar *to help* 2
azúcar (*m.*) *sugar* 6

B

bailar *to dance* 4
bajo *short; below* 2
balón (*m.*) *football* 2
baño *bath* 2
   traje de baño *bathing suit* 2
barrio *region, neighborhood* 1
batalla *battle* 7
baúl (*m.*) *trunk* 2
béisbol (*m.*) *baseball* 4
biblioteca *library* 2
bien *well* 1
billete (*m.*) *ticket* 7
blanco *white* 1
blusa *blouse* 2
boca *mouth* 2
boleto *ticket* 2
bonito *pretty* 1
brazo *arm* 2
brillar *to shine* 3
buenaventura *fortune* 4
bueno *good* 1
   buenas tardes *good afternoon* 1
burro *donkey, mule* 4
buscar *to look for* 5

C

caballero *knight* 2
   caballero andante *knight errant* 2
caballo *horse* 2
   montar a caballo *to mount a horse* 2
cada *each* 1
caer *to fall* 2
calle (*f.*) *street* 3
calor (*m.*) *heat* 2
   hacer calor *to be hot (weather)* 2
cambiar *to change* 4
camino *road* 4
camisa *shirt* 3
campamento *camp* 4
campo *field* 1
   campo de fútbol *football field* 1

cancha *field, court* 8
  cancha de esquí *ski resort* 8
canoa *canoe* 8
cantar *to sing* 3
capital (*f.*) *capital* 4
capitán (*m.*) *captain* 4
capturar *to capture* 5
carbón (*m.*) *coal* 3
carga *load* 7
carne (*f.*) *meat* 6
carnicería *meat market, butcher shop* 6
carretera *highway* 7
carro *car* 7
carta *letter* 7
casa *house* 1
  en casa *at home* 1
caserío *housing development* (*slum*) 1
casi *almost* 6
castaño *brown* 1
castillo *castle* 3
centro *center* 1
cerca *near* 2
cielo *sky* 3
cine (*m.*) *movie theatre* 3
ciudad (*f.*) *city* 1
clase (*f.*) *class* 6
cliente (*m.*) *customer* 6
coche (*m.*) *car* 7
cocina *kitchen* 2
color (*m.*) *color* 1
  ¿de qué color? *what color?* 1
comedor (*m.*) *dining room* 2
comer *to eat* 2
comida *meal, food* 2
como *like, as, since* 1
¿cómo? *how?* 1

compañero *friend, companion* 7
comprar *to buy* 2
  de compras *shopping* 6
  hacer las compras *to go shopping* 6
comprender *to understand* 7
con *with* 1
conocer *to know, to be acquainted with* 4
considerar *to consider* 4
constante *constant* 7
construir *to construct* 7
contento *happy* 4
contestar *to answer* 4
continente (*m.*) *continent* 1
contrario *opposite* 6
contraste (*m.*) *contrast* 7
convertir (ie) *to convert* 2
correr *to run* 3
corrida *bullfight* 3
cortar *to cut* 5
costa *coast* 3
costumbre (*f.*) *custom, tradition* 6
crecer *to grow* 7
crema *cream* 6
¿cuál? *which? which one?* 1
cuando *when* 2
¿cuándo? *when?* 2
¿cuánto? *how much? how many?* 2
cuerda *rope* 4
cueva *cave* 3

cultivar *to cultivate* 7
cultura *culture* 1

CH

chico *boy* 4

D

dar *to give* 5
de *of, from* 1
decidir *to decide* 4
decir *to say, to tell* 4
delante *in front of* 2
deporte (*m.*) *sport* 6
describir *to describe* 4
descripción (*f.*) *description* 4
despegar *to take off* 5
después *after* 4
día (*m.*) *day* 2
diario *daily* 7
diferente *different* 1
difícil *difficult* 7
dinero *money* 4
dirección (*f.*) *direction* 5
¿dónde? *where?* 1
dos *two* 1

E

edificio *building* 1
ejército *army* 5
el *the* 1
él *he* 1
ella *she* 4
ellas *they* 4

111

ellos *they* 4
elegante *elegant* 4
empezar (ie) *to begin* 3
empleado *employee* 1
en *in* 1
enemigo *enemy* 2
enfermo *sick* 5
ensalada *salad* 2
enseñar *to teach* 4
entrar *to enter* 4
entrevista *interview* 1
escapar *to escape* 5
escribir *to write* 4
escudero *squire* 2
escuela *school* 1
ese *that* 3
eso *that* 6
español *Spanish* 2
esperar *to wait for* 2
esquí (*m.*) *ski* 8
   cancha de esquí *ski resort* 8
esquiar *to ski* 2
estar *to be* 1
este *this* 3
estrecho *narrow* 1
estudiar *to study* 7
estúpido *stupid* 5
examinar *to examine* 2
explicar *to explain* 4
exportar *to export* 8

F

fábrica *factory* 3
fabuloso *fabulous* 1
familia *family* 4
famoso *famous* 2
fantástico *fantastic* 8
fértil *fertil* 3
fiesta *party, fiesta* 3

fin (*m.*) *end* 3
   por fin *at last, finally* 3
flaco *thin* 2
flamenco *flamenco* 3
francés *French* 4
fresco *cool* 6
frío *cold* 4
   hacer frío *to be cold (weather)* 7
   tener frío *to be cold* 4
fuerte *strong* 2
furioso *furious* 5
fútbol (*m.*) *football* 1
   campo de fútbol *football field* 1
futuro *future* 4

G

ganado *cattle* 8
garganta *throat* 2
gemelo *twin* 1
general (*m.*) *general* 4
generalmente *generally* 6
gente (*f.*) *people* 1
geografía *geography* 7
gigante (*m.*) *giant* 2
gitano *gypsy* 3
gobierno *government* 5
gordo *fat* 2
grande *large, big* 1
gritar *to shout* 4
guapo *handsome* 1
guardia (*m.*) *guard* 4
guitarra *guitar* 2

H

hablar *to speak* 1
hacer *to do, to make* 1

hacer calor *to be hot (weather)* 2
hacer frío *to be cold (weather)* 7
hacer las compras *to go shopping* 6
hacer un viaje *to take a trip* 1
hacer viento *to be windy* 2
hambre (*f.*) *hunger* 4
   tener hambre *to be hungry* 4
hay *there is, there are* 1
hemisferio *hemisphere* 7
herido *wounded* 2
hermano *brother* 1
hispano *Hispanic, Spanish* 5
historia *history* 4
hoja *leaf* 8
hombre (*m.*) *man* 3
hora *hour* 1

I

iglesia *church* 1
igual *same* 1
imaginar *to imagine* 7
importante *important* 3
imposible *impossible* 4
indio *Indian* 1
individual *individual* 6
industria *industry* 3
influencia *influence* 7
inglés (*m.*) *English* 7
instrumento *instrument* 3
inteligente *intelligent* 5
interesante *interesting* 3

invierno *winter* **1**
inyección (*f.*) *injection* **2**
ir *to go* **1**
isla *island* **3**

J

jefe (*m.*) *leader, chief* **5**
joven (*m.*) *young person* **8**
jugador (*m.*) *player* **6**
jugar (ue) *to play* **2**
julio *July* **3**
jungla *jungle* **8**

L

la *the* **1**
la *her, it* **1**
labrador (*m.*) *worker* **4**
lado *side* **3**
ladrón (*m.*) *thief* **4**
lanza *lance, sword* **2**
las *them* **1**
lección (*f.*) *lesson* **4**
leche (*f.*) *milk* **6**
lechería *dairy* **6**
leer *to read* **2**
legumbre (*f.*) *vegetable* **6**
lejos *far* **5**
   a lo lejos *in the distance* **7**
levantar *to raise, to lift up* **2**
libertad (*f.*) *freedom* **4**
libre *free* **6**
   al aire libre *outdoor* **6**
libro *book* **2**

líder (*m.*) *leader* **5**
limonada *lemonade* **7**
literatura *literature* **4**
lugar (*m.*) *place* **8**
lo *him, it* **2**
loco *crazy* **2**
   volverse loco *to go crazy* **2**
los *them* **1**
lucha *fight* **7**
luego *then, later* **5**

LL

llama *llama* **7**
llamarse *to be named, to be called* **5**
llegar *to arrive* **2**
llevar *to bring, to carry* **2**
llorar *to cry* **4**
llover (ue) *to rain* **8**

M

machete (*m.*) *machete knife* **8**
maestro *teacher* **4**
maleta *suitcase* **2**
malo *bad* **2**
mamá *Mommy, Mom* **2**
manera *manner* **6**
mañana *morning* **6**
   por la mañana *in the morning* **6**
mar (*m.*) *sea* **5**
más *more* **1**
matar *to kill* **5**
material (*m.*) *material* **7**
médico *doctor* **2**
mercado *market* **1**

mes (*m.*) *month* **4**
mesa *table* **2**
mesero *waiter* **2**
mestizo *of mixed blood* **1**
mi *my* **1**
mientras *while* **5**
mina *mine* **3**
mirar *to look at* **2**
mismo *same* **5**
misterioso *mysterious* **2**
moderno *modern* **1**
molino *mill* **2**
   molino de viento *windmill* **2**
momento *moment* **5**
montaña *mountain* **1**
montañoso *mountainous* **7**
montar *to mount* **2**
   montar a caballo *to mount a horse* **2**
   montar un asno *to ride a donkey* **2**
morir (ue) *to die* **4**
mover (ue) *to move* **2**
mozo *waiter* **2**
muchacha *girl* **1**
muchacho *boy* **1**
mucho *much* **1**
muerto *dead* **4**
mulato *mulatto* **1**
mundo *world* **6**
muralla *wall* **5**
música *music* **3**
musical *musical* **3**
muy *very* **1**

N

nada *nothing* **2**
nadar *to swim* **2**

nadie *no one* **2**
nata *cream* **6**
naturaleza *nature* **7**
necesitar *to need* **1**
negro *black* **1**
niño *child, boy* **2**
no *no, not* **1**
nombre (*m.*) *name* **7**
norte (*m.*) *north* **3**
norteamericano *North American* **1**
nosotros *we* **4**
nuestro *our* **5**
nuevo *new* **3**
número *number* **4**
nunca *never* **2**

O

ocho *eight* **4**
oficina *office* **1**
ojo *eye* **1**
otro *other* **2**

P

padres (*m.*) *parents* **1**
pagar *to pay* **6**
país (*m.*) *country* **3**
palabra *word* **4**
palma *palm tree* **8**
pampa *pampa, plain in Argentina* **8**
pan (*m.*) *bread* **2**
panadería *bakery* **6**
papa *potato* **2**
papá *Daddy, Dad* **2**
paquete (*m.*) *package* **2**
para *for, in order to* **2**
parque (*m.*) *park* **1**
parte (*f.*) *part* **6**
pasajero *passenger* **3**
pasaporte (*m.*) *passport* **1**
pasar *to happen, to spend* **4**
pastel (*m.*) *pastry* **6**
pastelería *pastry shop* **6**
pastilla *pill* **2**
película *film* **2**
pelo *hair* **1**
península *peninsula* **3**
pensar (ie) *to think* **6**
pequeño *little, small* **1**
periódico *newspaper* **2**
pero *but* **1**
persona *persona* **2**
personaje (*m.*) *character (of a book)* **2**
petróleo *petroleum* **8**
pico *peak* **7**
pie (*m.*) *foot* **7**
   andar a pie *to walk* **7**
pintoresco *picturesque* **3**
piscina *pool* **8**
pista *runway* **2**
pistola *gun, pistol* **5**
playa *beach* **1**
plaza *plaza, square* **1**
   plaza de toros *bullring* **3**
pobre *poor* **1**
poco *small, little* **4**
poder (ue) *to be able* **3**
policía *police* **5**
poner *to put* **2**
popular *popular* **3**
por *for, through* **1**
   por consiguiente *therefore, consequently* **1**
por eso *for this reason* **6**
por fin *finally* **3**
por la mañana *in the morning* **6**
¿por qué? *why?* **2**
porque *because* **1**
precio *price* **6**
preguntar *to ask* **3**
preparar *to prepare* **2**
presidente (*m.*) *president* **5**
primo *cousin* **2**
producir *to produce* **6**
producto *product* **3**
próximo *next* **4**
pueblo *town* **1**
pues *well* **1**
puesto *stand* **6**

Q

que *that* **1**
   lo que *what, that which* **4**
¿qué? *what?* **1**
querer (ie) *to want* **4**
queso *cheese* **6**

R

rápido *rapid* **5**
raza *race* **1**
recibir *to receive* **2**
regalo *gift* **2**
región (*f.*) *region, area* **2**
reírse (i) *to laugh* **4**
residencial *residential* **8**
restaurante (*m.*) *restaurant* **2**

rico *rich* 1
río *river* 7
robar *to steal* 4
rojo *red* 3
ropa *clothing* 7
rural *rural* 6

S

saber *to know* 4
sacar *to pull out, to take out* 4
salir *to leave* 2
saludar *to greet* 4
sándwich (*m.*) *sandwich* 2
sed (*f.*) *thirst* 5
   tener sed *to be thirsty* 5
selva *forest* 8
semana *week* 5
senda *path* 8
seña *description, sign, mark* 4
señor *gentleman, Mr.* 1
señorita *young unmarried woman, Miss, Ms.* 4
sol (*m.*) *sun* 3
ser *to be* 1
si *if* 4
sí *yes* 1
siempre *always* 1
siete *seven* 3
simpático *nice* 1
soldado *soldier* 5
su *your, his, her, their, its* 1
subir *to go up* 8
suburbio *suburb* 6
sudamericano *South American* 8
suelo *floor* 6
suerte (*f.*) *luck* 5
supermercado *supermarket* 1
sur (*m.*) *south* 1
sus *their, his, her, your* 1

T

también *also* 1
tan *so* 4
tarde *late;* (*f.*) *afternoon* 1
   buenas tardes *good afternoon* 1
teléfono *telephone* 4
televisión (*f.*) *television* 2
temprano *early* 6
tenedor (*m.*) *fork* 2
tener (ie) *to have* 1
   tener frío *to be cold* 4
   tener hambre *to be hungry* 4
   tener que *to have to* 3
   tener sed *to be thirsty* 5
tiempo *time* 2
   a tiempo *on time* 2
tienda *store* 1
tierra *land* 3
tirar *to throw, to shoot* 2
tiro *shot* 5
tocar *to touch; to play (musical instrument)* 2
todo *all* 1
tomar *to take* 2
toro *bull* 3
torta *cake* 6
trabajar *to work* 2
traer *to bring* 2
tráfico *traffic* 1
traje (*m.*) *suite* 2
   traje de baño *bathing suit* 2
tranquilo *calm, serene* 5
tras *behind* 3
tren (*m.*) *train* 2
tres *three* 3
triste *sad* 4
tropical *tropical* 3
tus *your* 2

U

Uds. *you* 1
un *a* 1
único *only* 6
uno *one* 4
unos *some* 4
usar *to use* 8

V

vario *various* 1
vaso *glass* 2
vegetación (*f.*) *vegetation* 7
vegetal (*m.*) *vegetable* 6
ventanilla *ticket window* 2
ver *to see* 2
verano *summer* 1
verdad (*f.*) *truth, true* 5
vez (*f.*) *time* 4
   a veces *at times, sometimes* 4

115

viajar *to travel* **7**
viaje (*m.*) *trip* **1**
  hacer un viaje *to take a trip* **1**
vida *life* **7**
viejo *old* **1**
viento *wind* **2**
  hacer viento *to be windy* **2**
  molino de viento *windmill* **2**
visitar *to visit* **1**
vivir *to live* **1**
vivo *alive* **4**
vocabulario *vocabulary* **4**
volver (ue) *to return, to turn* **4**
  volverse loco *to go crazy* **2**

Y

y *and* **1**
yo *I* **1**

Z

zona *zone* **6**

INDEX

adjectives, comparison of, 71–72
   demonstrative, 33–35
   superlative of, 72
al, contraction, 4–5
commands (see imperatives)
comparison of adjectives, 71–72
conocer, 47
contraction *al*, 4–5
   del, 5–6
decir, 59–60
del, contraction, 5–6
demonstrative adjectives, 33–35
   esta, esa, aquella, 34
   estas, esas, aquellas, 35
   este, ese, aquel, 33–34
   estos, esos, aquellos, 35

direct object pronouns, 20–22
esta, esa, aquella, 34
estas, esas, aquellas, 35
este, ese, aquel, 33–34
estos, esos, aquellos, 35
exclamation ¡qué!, 6
imperative, familiar, 83
   formal, 96
irregular verbs (see individual verb)
lo, los, la, las, 20–22
negative expressions, 22
pronouns, direct object, 20–22
¡qué!, 6
saber, 45–46
superlative of adjectives, 72